ちょい足しだけで料理上手

ワタナベマキのスパイス使い

ワタナベマキ

はじめに

スパイス使いが上手になると
料理の腕がぐんっと上がるような気がします。
いや、腕がぐんっと！上がるのです。
スパイスはいつもの食事を楽しませてくれる、
とても頼りになる存在。
でもたくさん使い過ぎてしまうと、
香りが強くなり過ぎて飽きてしまうこともあります。
少し足す、くらいの加減が料理上手、
スパイス上手になるコツです。

使い方はとてもシンプル！
いつもの目玉焼きに
いつもの野菜炒めに
いつもの肉や魚のソテーに
いつもサラダやマリネに
そして、いつものスープに。
ちょっと足してみてください！

ふんわりと料理にスパイスの香りや味が加わるだけで、
おいしさが膨らんで料理が楽しくなります。

スパイスはたくさんの魅力的な種類がありますが、
この本ではクミン、コリアンダー、花椒、五香粉など
みなさんが一度は食べたことのあるスパイス、
お馴染みのものを中心にご紹介しています。

素材との組み合わせ、調理法との組み合わせ、
なぜこの料理にこのスパイスなのか、
調理のどのタイミングでスパイスを加えると
おいしい料理に変身するのか、
そんな私のヒントを詰め込んだ一冊です。

すでにスパイスに魅了されている方も
もっとスパイスを使いこなしたいと思っている方も
いつもの料理にプラスして
料理の広がりをスパイスから知っていただけたら嬉しいです。

ワタナベマキ

もくじ

五香粉

山椒

［料理を始める前に］

・小さじ1は5㎖、大さじ1は15㎖、1合は180㎖です。ごく少量の調味料の分量は「少々」で親指と人差し指でつまんだ分量、「ひとつまみ」は親指と人差し指と中指でつまんだ分量になります。「適量」はちょうどよい分量、「適宜」は好みで入れなくてもよいということです。

・野菜類は特に指示のない場合は、洗う、むくなどの作業を済ませてからの手順です。特に指示のない場合は、その作業をしてから調理をしてください。

・調味料類は特に指定していない場合は、酒は日本酒、しょうゆは濃口しょうゆ、塩は自然塩、油はサラダ油、オリーブオイルはエクストラヴァージンを使っています。

・オーブンは家庭用オーブンで焼く際の温度、時間を紹介しています。オーブンの機種や性能により、差があります。でき上がり写真を参考にし、様子を見ながら調整してください。

［スパイスの保存方法］

使いきれないスパイスは乾燥剤とともに保存したり、密閉できるジッパーつきの保存袋または容器に入れ、高温多湿を避けた冷暗所で保存すると香りが長持ちします。

クミンシード

Cumin seed

世界中で使われるポピュラーなスパイスで、エスニック料理に欠かせません。クミンシードは私たち、日本人にも馴染みが深く、みんなが大好きなカレーの香りの中心となるのは、このクミンシード。

同じスパイスでもホール状、パウダー状のものがあり、それぞれに少し使い方のポイントがあります。ホール状のものは調理の最初にフライパンで炒る、もしくは油で炒めるなどして香りを引き出しますが、パウダー状のものは最初に加えると焦げてしまい、香りが飛んでしまうので、調理の仕上げに加えるか、香りをしっかり漬け込みたいマリネや下味に向いています。このふたつのポイントさえおさえておけば、スパイスで料理上手になる第一歩。

クミンシードはツンとした香ばしさがあり、肉や魚はもちろん、野菜とも合う万能スパイス。まずは使ってみて、その香りに慣れたらいろんな料理に少しずつ加えてみるとよいでしょう。

カチュンバ

インドのサラダ〝カチュンバ〟はクミンシードを効かせて。
ヨーグルトを加えれば〝ライタ〟にもなります。

材料（2人分）

クミンシード…大さじ1
トマト…1個（150g）
きゅうり…1本
紫玉ねぎ…$\frac{1}{3}$個
にんにく…1かけ（潰す）
レモンスライス…8枚（半月切りにする）
レモン果汁…大さじ1
ナンプラー…小さじ2
塩…小さじ$\frac{1}{4}$
オリーブオイル…大さじ1と$\frac{1}{2}$

作り方

1. トマトはヘタを取り、2cm角に切る。
2. きゅうりは1.5cm角に切り、塩をふる。10分置き、出てきた水分をきる。
3. 紫玉ねぎは1.5cm角に切って水に3分さらし、ザルに上げてペーパータオルで水気をふく。
4. クミンシードはフライパンに入れ、弱火で香りが立つまで炒る。
5. ボウルに1、2、3、4、にんにく、レモンスライス、レモン果汁、ナンプラーを入れてさっと混ぜる。全体が馴染んだらオリーブオイルを回しかけて和える。

— ボリュームを出したいときはツナや茹でた鶏ささみ肉を加えても。セロリも合います。

アボカドとひよこ豆のフムス

サンドイッチのマヨネーズ代わりにこのフムスを使っても。スティック野菜にディップしてもおいしいです。

材料（2人分）

クミンシード…小さじ2
クミンパウダー…小さじ1/2
ひよこ豆（乾燥）…100g
アボカド…1個
玉ねぎ…1/3個
にんにく…1/3かけ
レモン果汁…大さじ2
白練りごま…大さじ1
ナンプラー…大さじ1
塩…小さじ1/3
オリーブオイル…大さじ3
クラッカー、パン…各適量

作り方

1. ひよこ豆は被る程度の水にひと晩浸す。水気をきって鍋に入れて被る程度の水を加え、中火にかける。煮立ったら弱めの中火にし、20分茹でる。
2. 玉ねぎはみじん切りにし、水に5分さらす。ザルに上げて水気をきり、ペーパータオルでふく。
3. フードプロセッサーに軽く湯をきった1、2、にんにく、レモン果汁半量、白練りごま、ナンプラーを入れてひよこ豆の粒が少し残る程度に攪拌する。
4. クミンシードはフライパンに入れ、弱火で香りが立つまで炒って3に加える。オリーブオイル大さじ2も加え、軽く攪拌して器に盛る。
5. フードプロセッサーをきれいにして種と皮を取ったアボカド、残りのレモン果汁とオリーブオイル、クミンパウダー、塩を入れてなめらかになるまで攪拌して器に盛る。
6. 好みでそれぞれにクミンシードとパウダー（ともに分量外）をふり、クラッカーやパンを添える。

— ひよこ豆は食感を楽しめるように粒を残して攪拌します。

大根とドライトマトのクミンマリネ

ドライトマトの甘酸っぱさとクミンの香り、大根の食感で飽きのこないマリネです。

材料（2人分）

クミンパウダー…小さじ2/3
大根…1/4本（250g）
ドライトマト…40g
レモン果汁…大さじ1
パセリみじん切り…適量
塩…小さじ1
オリーブオイル…大さじ1

作り方

1 大根は皮をむいて厚さ2㎜の半月切りにする。塩半量をふり、10分置いて出てきた水分をしっかりと絞る。
2 ドライトマトは粗みじん切りにする。
3 ボウルに1、2、レモン果汁、クミンパウダー、残りの塩を加えて混ぜる。オリーブオイルも加えてさっと和えて器に盛り、パセリみじん切りをのせる。

― クミンシードの香りが馴染みやすいようにパウダーを使ってマリネします。

さつまいものバタークミンソテー

クミンはさつまいもにもよく合います。このソテーは肉や魚のつけ合わせにしても。

材料（2人分）

クミンパウダー…小さじ1
さつまいも…小2本（400g）
バター（有塩）…20g
塩…小さじ1/3

作り方

1. さつまいもは縦半分に切り、蒸気の立った蒸し器に入れて火が通るまで12分ほど蒸す。
2. フライパンにバター半量を入れ、中火にかける。バターが溶けたら1の切り口を下にして並べ、焼き目をつける。
3. 裏返して残りのバター、塩、クミンパウダーを加え、馴染ませる。

クミンのラム餃子

クミンと香菜、ラム肉を合わせて
エスニックな香り漂う餃子に。

材料（2人分）

クミンパウダー…小さじ1
ラムロース肉…150g
しょうが…1と1/2かけ
香菜…7本
セロリ…1本
塩…小さじ1/3
A 紹興酒（または酒）…大さじ1 1/2
　しょうゆ…小さじ2
餃子の皮…20枚
ぬるま湯…80ml
ごま油…小さじ1
黒酢…適量

作り方

1. ラム肉はフードプロセッサーで粗挽きにするか、包丁で粗くたたく。
2. しょうが、香菜はみじん切りにする。セロリはみじん切りにして塩をふり、出てきた水分をしっかりと絞る。
3. ボウルに1、2、クミンパウダー、Aを入れて粘り気が出るまでよく混ぜる。
4. 3を20等分にし、餃子の皮で包む。
5. フライパンにごま油を入れて中火にかけ、4を並べ入れる。底面に焼き目がついたらぬるま湯を加え、蓋をして弱めの中火で水分がなくなるまで7分ほど焼く。
6. 蓋を外し、中火にして水分を飛ばしながら1〜2分パリッと焼き上げる。器に盛り、黒酢を添える。

— クミンパウダーを混ぜたら香りが消えないように、すぐに焼きます。

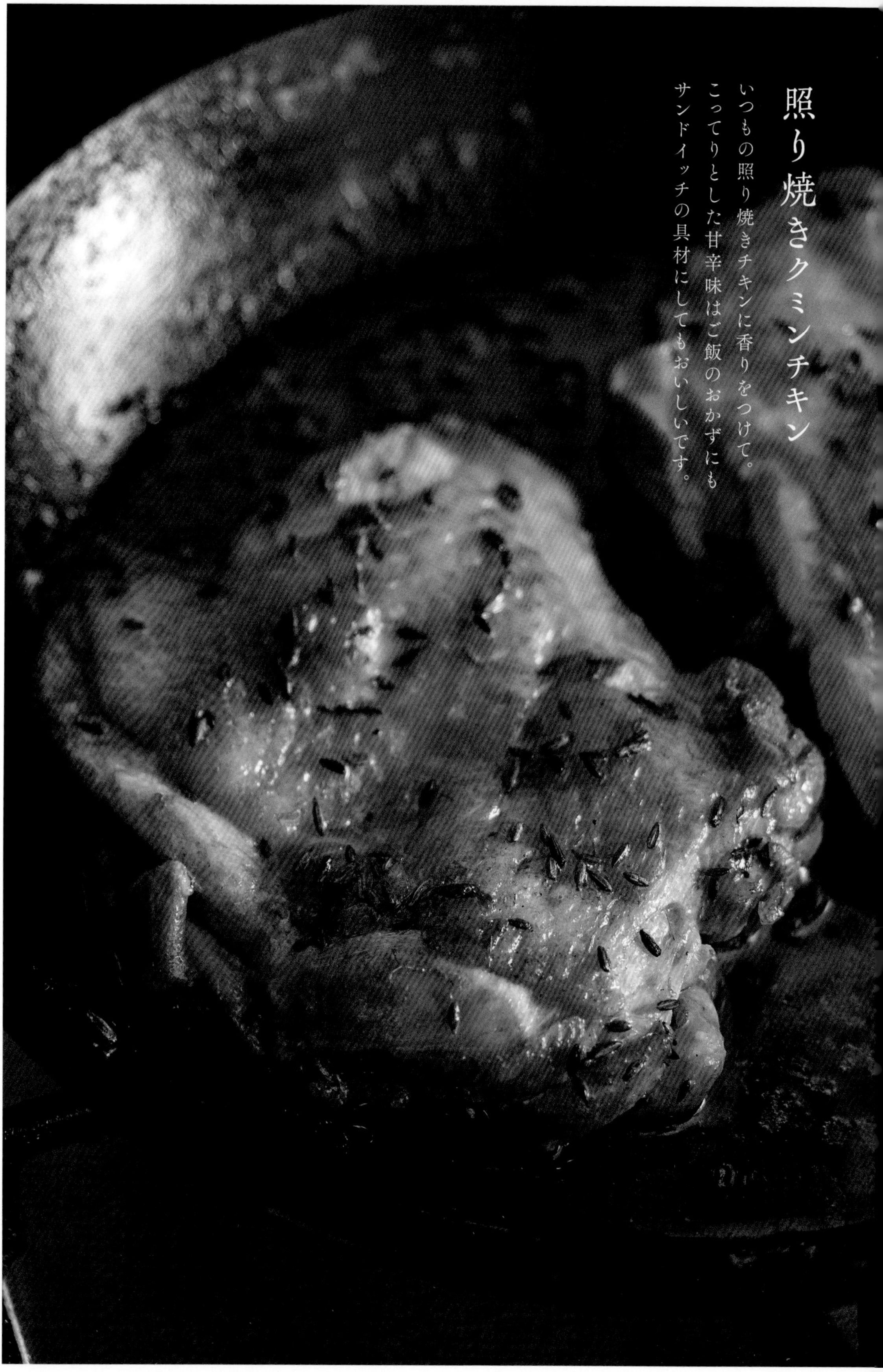

照り焼きクミンチキン

いつもの照り焼きチキンに香りをつけて。
こってりとした甘辛味はご飯のおかずにも
サンドイッチの具材にしてもおいしいです。

材料（2人分）

クミンシード…大さじ1と1/2
鶏もも肉…2枚（500g）
酒…大さじ1/2
みりん…大さじ2
しょうゆ…大さじ2
ごま油…大さじ1

作り方

1 鶏肉は常温に戻す。余分な脂と筋を取り、厚い部分に切り目を入れて厚さを均等にする。

2 フライパンにごま油を入れて中火にかけ、1の皮目を下にして並べる。ヘラで押さえながらカリッと焼き目がつくまで焼く。

3 出てきた脂をペーパータオルでふく。裏返して弱火にし、軽くヘラで押さえながらしっかりと火が通るまで7分ほど焼く。

4 ペーパータオルで脂をふき、クミンシードを空いたスペースに加えて脂と馴染ませる。香りが立ったら、酒、みりん、しょうゆを加えて中火にし、煮立たせながら鶏肉に絡める。

— クミンシードは焦げやすいので、途中で加えるのがコツ。

豚肉とカリフラワーのクミン煮込み

クタクタに煮込んだカリフラワーとやわらかい豚肉。
クミンシードの香りを引き立てたくて、味つけはシンプルに。

材料（2人分）

クミンシード…大さじ2
豚ロース厚切り肉（とんかつ用）
…2枚（300g）
カリフラワー
…小1個（350g）
玉ねぎ…1個
にんにく…1かけ（潰す）
白ワイン…100㎖
塩…小さじ1
粗挽き黒こしょう…少々
オリーブオイル…小さじ2

作り方

1 豚肉は常温に戻し、塩をしっかりとすり込む。
2 カリフラワーは2㎜角に、玉ねぎは1㎝角に切る。
3 鍋にクミンシード、にんにく、オリーブオイルを入れ、弱火にかける。香りが立ったら豚肉を加え、両面に軽く焼き目がつくまで焼く。
4 2を加えて玉ねぎが軽く透き通るまで炒め、白ワインと水適量を7分目まで加える。ひと煮立ちさせたらアクを取る。
5 弱火にして蓋をし、カリフラワーがクタクタになるまで50分ほど煮込み、塩少々（分量外）と粗挽き黒こしょうで味を調える。
6 器に盛り、好みで粗挽き黒こしょう（分量外）をふる。

— クミンシードの代わりにコリアンダーシードも合います。
— 仕上げにみじん切りにしたパセリをのせれば、おもてなしにも。

鮭のクミンバターソテー

バターと相性のよいクミンは
ソテーにぴったりのスパイス。
衣に混ぜ、パリッと焼き上げます。

材料（2人分）

クミンパウダー…小さじ1
生鮭（切り身）…2切れ
ライム…1個
薄力粉…大さじ1と$\frac{1}{2}$
塩…小さじ$\frac{2}{3}$
オリーブオイル…大さじ1
ディルバター
　バター（有塩）…10g
　ディル…1枝

作り方

1. 生鮭は塩をふって10分置き、出てきた水分をペーパータオルでふく。
2. ディルバターのバターは常温でやわらかくし、刻んだディルと混ぜる。
3. ボウルに薄力粉とクミンパウダーを入れて混ぜ、1に薄くまぶして余分な粉をはたく。
4. フライパンにオリーブオイルを入れて中火にかけ、3の皮目を下にしてヘラで押さえながら焼く。
5. 皮がパリッと焼けたら余分な脂をペーパータオルでふき、弱火にする。ディルバターを加えて溶かし、鮭にスプーンでバターをかけながら表面がパリッとするまでじっくりと焼く。
6. 塩少々（分量外）をふって器に盛る。半分に切ったライムを添え、好みでクミンパウダー（分量外）をふる。

— 衣にクミンパウダーを混ぜることで、魚特有の臭みを取ります。
— ディルバターのハーブはパセリにしても。

オクラとじゃがいものカレー

油でクミンシードの香りをしっかり引き出します。
夏野菜をたっぷり使ったベジカレーは、
副菜にもお弁当のおかずにもぴったり。

材料（2人分）

クミンシード…小さじ2
ターメリックパウダー…小さじ1/2
コリアンダーパウダー…小さじ1/2
オクラ…5本
じゃがいも…2個（300g）
玉ねぎ…1/2個
にんにくみじん切り…1かけ分
しょうがみじん切り…1かけ分
白ワイン…80mℓ
ナンプラー…小さじ2
オリーブオイル…大さじ1
バスマティライス…適量

※バスマティライスはさっと洗う。沸騰した湯に塩少々（分量外）を加えて10～12分茹でて水気をきる。食べてみて、芯がなくなっていたら茹で上がりのサイン。

作り方

1 オクラはガクとヘタを取り、塩少々（分量外）をまぶして板ずりし、流水で洗う。沸騰した湯に入れて20秒茹でる。ザルに上げて水気をきり、4等分に切る。

2 じゃがいも、玉ねぎは2cm角に切る。

3 フライパンにクミンシード、にんにくとしょうがのみじん切り、オリーブオイルを入れて弱火にかける。

4 香りが立ったら、2を加えて玉ねぎが透き通るまで炒める。白ワインを加えて蓋をし、弱火で7分蒸し焼きにする。

5 オクラ、ナンプラー、ターメリックパウダー、コリアンダーパウダーを加えてさっと炒める。蓋をしてさらに2分蒸し焼きにする。

6 器に盛り、バスティライスを添える。

— 油にしっかりとクミンシードの香りを移します。

— 野菜は好みでアレンジを。なすやピーマンなどの夏野菜もおいしいです。

ラム肉と長ねぎのクミン焼きそば

シンプルな具材でささっと作る焼きそばも
スパイスの香りを加えるだけで本格的に。

材料（2人分）

クミンパウダー…小さじ1
ラム薄切りもも肉…150g
長ねぎ…1本
しょうがせん切り…1かけ分
焼きそば麺…2玉
酒…大さじ1
塩…小さじ2/3
ごま油…大さじ1

作り方

1. ラム肉は1.5cm幅に切る。長ねぎは5cm長さに切り、縦半分に切る。
2. フライパンにごま油を入れて中火にかけ、しょうがせん切りを加えて炒める。香りが立ったら1を加える。肉の色が変わるまで炒め、クミンパウダー、塩を加えてしっかりと馴染ませる。
3. 全体が馴染んだら、焼きそば麺、酒を加えてほぐしながら炒め合わせる。
4. 味をみて、必要であれば塩（分量外）で味を調える。器に盛り、好みでクミンパウダー（分量外）をふる。

— ラム肉は豚肉、牛肉に代えてもおいしいです。
— 仕上げにごま油を回しかけても。

細ねぎのクミンチヂミ

甘く香ばしい卵にクミンの香りを重ねたチヂミ。
白玉粉と片栗粉でカリッと焼き上げます。

材料（小2枚分）

クミンパウダー…小さじ1
細ねぎ…8本
卵…3個
白玉粉…大さじ1
片栗粉…大さじ1
紹興酒（または酒）…大さじ1
しょうゆ…小さじ2
水…大さじ1
塩…小さじ1/4
ごま油…大さじ2
粗挽き赤唐辛子…適宜

作り方

1 ボウルにクミンパウダー、白玉粉、片栗粉を合わせ、紹興酒、しょうゆ、水、塩を加えてよく混ぜる。
2 1に卵を割り入れてしっかりと混ぜる。
3 細ねぎは4等分に切る。
4 フライパンにごま油半量を入れて中火にかけ、2の半量を流し入れて丸く広げる。
5 半熟になったら細ねぎ半量をのせて軽くヘラで押さえる。
6 卵に焼き目がついたら裏返し、ヘラで押さえながら2～3分しっかりと焼き目がつくまで焼く。残りも同様に焼く。器に盛り、好みで粗挽き赤唐辛子をふる。

— 好みでアミエビを加えると、さらに旨みがアップします。
— 細ねぎの代わりにニラで作っても。

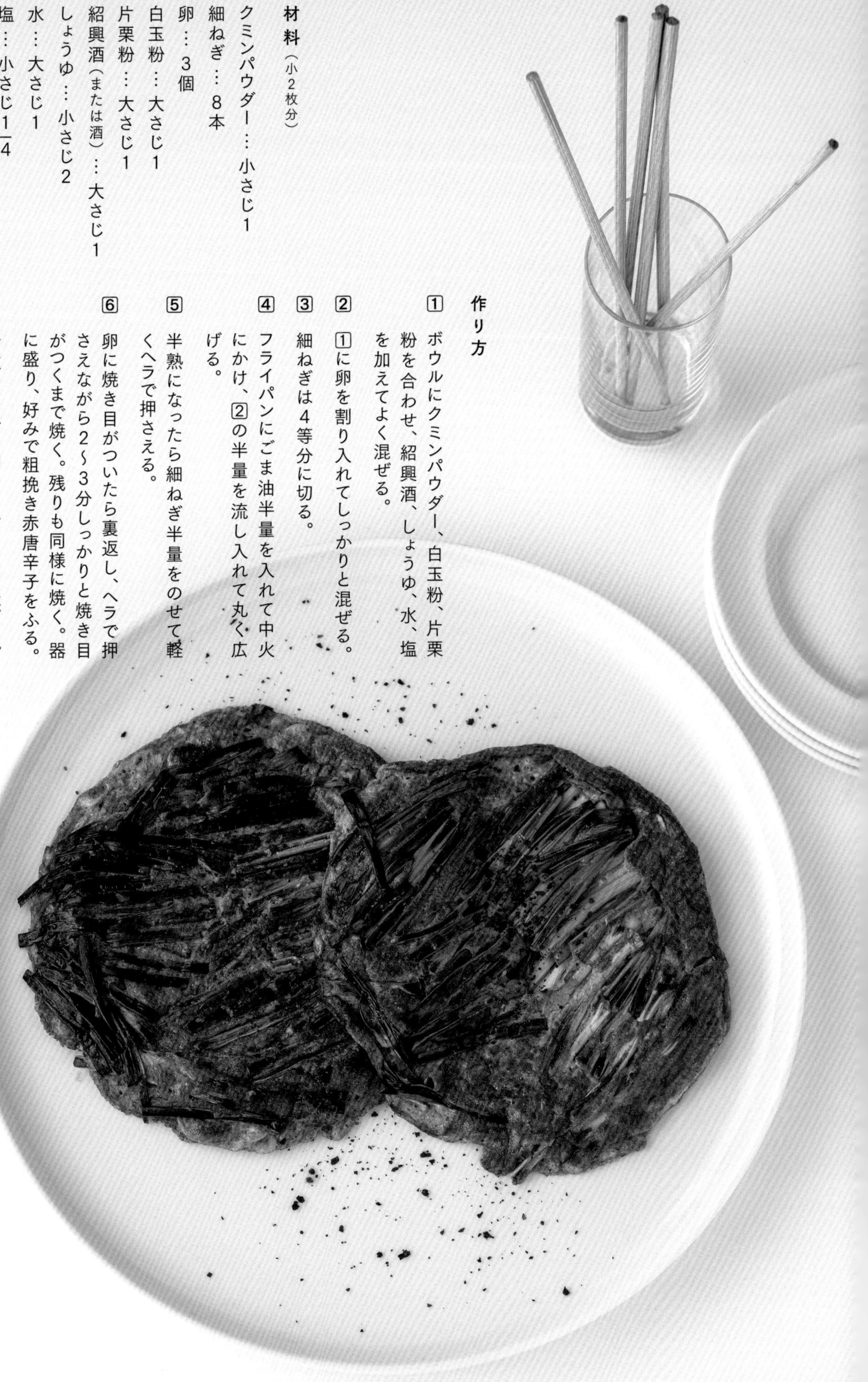

ナツメグ

Nutmeg

ナツメグバナナソテー

ソテーするバナナは少しかためのものがおすすめです。油、甘みと合うナツメグのデザートをどうぞ。

材料（2人分）

ナツメグ… 小さじ1/4
バナナ… 1本
バター（有塩）… 10g
メープルシロップ… 大さじ1
ラム酒… 小さじ1

作り方

1. バナナは縦半分に切り、皮をむく。
2. フライパンにバターを入れて弱火にかけ、1を切り口を下に並べる。
3. バターとバナナが馴染んで表面がカリッとしたら裏返し、メープルシロップ、ナツメグ、ラム酒を加える。器に盛り、好みでナツメグ（分量外）をふる。

かぼちゃのごま和え

肉料理に添えてもおいしい副菜です。
炒めた挽き肉と合わせ、コロッケにしても。

材料（2人分）

ナツメグ…小さじ1/4
かぼちゃ…250g
白炒りごま…大さじ2
塩…小さじ1/3

作り方

1. かぼちゃは3cm角に切り、蒸気の立った蒸し器に入れて8分蒸す。
2. 白炒りごまはフライパンで軽く炒り、すり鉢で粗くする。
3. ボウルに①、②、ナツメグ、塩を入れて和える。

コリアンダーシード

Coriander seed

コリアンダーシードは香菜の種を乾燥させたスパイス。そう、香菜は葉も茎も根も種も食べられるのです。しかしスパイスとして使われる種は、フレッシュのものと違い、柑橘系の甘い香りがするのが特徴です。

カレーにもよく使われるスパイスですが、単体で使う場合は豆や白身魚、鶏肉、卵などの淡白な食材、さっぱりとした味つけの料理と合います。

コリアンダーシード同様にホール状、パウダー状の2種類があるので、プチプチとした食感を楽しんだり、油を使う場合はホール状のものを。下味や仕上げの香りづけ、マリネなどにはパウダー状のものを使うとよいでしょう。

レンズ豆のサラダ

コリアンダーシードは炒って香りをしっかりと引き出します。食材の歯応えが楽しいサラダです。

材料（2人分）

コリアンダーシード…大さじ1
レンズ豆…100g
紫玉ねぎ…1/2個
香菜…30g
しょうがせん切り…1かけ分
くるみ…6粒
赤ワインビネガー…大さじ1と1/2
塩…小さじ1/2
粗挽き黒こしょう…少々
オリーブオイル…大さじ2

作り方

1. レンズ豆は塩少々（分量外）を加えた湯で12分茹で、ザルに上げて水気をきる。
2. 紫玉ねぎは横半分に切り、薄切りにする。水に3分さらし、水気をペーパータオルでふく。
3. くるみは砕いてフライパンで炒る。粗熱が取れたら、粗く刻む。
4. コリアンダーシードはフライパンで軽く炒り、すり鉢で粗くすり潰すか、包丁で刻む。
5. ボウルに1、2、3、4、しょうがせん切り、赤ワインビネガー、塩、粗挽き黒こしょうを加えてさっと混ぜ、オリーブオイルを加えて和える。
6. 器に盛り、みじん切りにした香菜をのせ、あれば香菜の根も添える。

― コリアンダーシードはクミンシードで代用できます。

― 調味料を混ぜる順番は赤ワインビネガー、塩そして粗挽き黒こしょう。味が馴染んだあとにオリーブオイルで和えるとおいしいです。

― 豆はひよこ豆や白いんげん豆の水煮でも。

― 冷蔵庫で2～3日保存可能（その際は香菜は加えない）。

枝豆のコリアンダーマリネ

さやごと楽しむ枝豆は
コリアンダー、ナンプラー、レモンを
しっかりと馴染ませます。

材料（2人分）

コリアンダーパウダー…小さじ1
チリパウダー…小さじ1/3
枝豆…200g
にんにく…1かけ（潰す）
レモン果汁…大さじ1
ナンプラー…大さじ1
ごま油…大さじ1
塩…小さじ1/2

作り方

1 枝豆は1ℓの湯に塩を加えて2分半ほど茹でてザルに上げ、水気をきる。

2 ボウルに1、にんにく、レモン果汁、ナンプラーを入れて混ぜ、コリアンダーパウダー、チリパウダー、ごま油を加えて和える。

— 和えてすぐよりも少し置き、味を馴染ませるとさらにおいしくなります。

鮭とさやいんげんのコリアンダー揚げ浸し

使いやすい鮭の切り身を揚げ浸しに。

コリアンダーシードがふわっと香る副菜です。

材料（2人分）

コリアンダーシード…大さじ1
生鮭（切り身）…2切れ
さやいんげん…15本
A かつお昆布だし…200㎖
　ナンプラー…大さじ1と1/2
　酒…大さじ1
　酢…大さじ1
塩…小さじ1/3
薄力粉…適量
揚げ油…適量

作り方

1. **A**は小鍋に入れ、中火にかける。ひと煮立ちさせたらバットなどに入れる。
2. コリアンダーシードはフライパンで軽く炒る。すり鉢で粗くすり潰すか、包丁で刻み、1に加える。
3. 生鮭は塩をふって10分置く。出てきた水分をペーパータオルでふき、薄力粉を薄くはたく。
4. 揚げ油を170℃に温め、さやいんげんを入れる。やわらかくなるまで2分ほど揚げ、油をきって2に浸す。
5. 鮭も返しながら表面が軽く色づくまで4〜5分揚げ、油をきって4に浸す。1〜2時間置いて器に盛る。

— 揚げ立ての熱々をマリネ液に浸します。

— 鮭の揚げ上がりの目安は菜箸などで挟んでみて弾力が出ていれば火が通っています。

— 冷蔵庫でひと晩置くと、さらに味が馴染んでおいしいです。

なすのコリアンダーオイルソテー 半熟茹で卵添え

なす（エッグプラント）と卵（エッグ）の組み合わせ。
にんにくは焦げやすいので香りが立ったらなすの上で休憩させます。

材料（2人分）

コリアンダーシード…大さじ1
米なす…2個
半熟茹で卵…2個
にんにく…1かけ（潰す）
塩…小さじ2/3
オリーブオイル…大さじ2

作り方

1 米なすは1.5㎝厚さの縦薄切りにし、水に3〜4分さらす。

2 コリアンダーシードはすり鉢で粗くすり潰すか、包丁で刻む。

3 フライパンにオリーブオイル、コリアンダーシード、にんにくを入れて弱めの中火にかける。

4 香りが立ったら水気をふいた1を並べる。両面に焼き目がつき、やわらかくなるまで4〜5分じっくりと両面を焼き、塩をふる。

5 器に盛り、半熟茹で卵を添え、フライパンに残ったオイルを回しかける。

— オリーブオイルにコリアンダーシードとにんにくの香りを移します。

— なすは菜箸などで挟み、凹めば火が通っています。

— 卵は熱湯した湯で7分茹で、冷水に取って半熟に仕上げます。

さわらと玉ねぎのコリアンダーフリット

コリアンダーで香りをつけたフリット。
冷えたビールに合う最高のおともです。

材料（2人分）

コリアンダーパウダー…小さじ2
さわら（切り身）…2切れ
玉ねぎ…小2個
薄力粉…80g
ベーキングパウダー…小さじ1
ビール…300㎖
塩…小さじ1/2
揚げ油…適量
レモン…1/2個

作り方

1 さわらは塩をふり、10分置く。出てきた水分をペーパータオルでふき、半分に切る。
2 玉ねぎは2〜4等分に切る。
3 薄力粉にコリアンダーパウダーを混ぜ、大さじ1と1/2をさわらと玉ねぎにまぶす。
4 残りの粉にベーキングパウダーを加えて混ぜ、冷えたビールを加え、ダマが残る程度に手早く混ぜる。
5 揚げ油を170℃に温め、4に3をくぐらせて軽く色づいて火が通るまで揚げる。
6 器に盛り、好みでコリアンダーパウダーと塩適量（ともに分量外）を合わせたものを添え、レモンを搾って食べる。

— コリアンダーパウダーの代わりにクミンパウダー、五香粉、粉山椒も合います。
— 魚は、生鱈、生鮭など、好みの魚を使っても。

コリアンダーローストチキン

特別な日にぴったりのごちそうです。
しっかり漬け込んでから焼くと、さらにおいしくなります。

材料（2人分）

コリアンダーシード… 大さじ1
鶏もも骨つき肉… 2本
じゃがいも… 2個（300g）
オリーブオイル… 大さじ2
A コリアンダーパウダー… 小さじ1
　にんにくすりおろし… 1かけ分
　しょうがすりおろし… 1かけ分
　塩… 小さじ1
香菜… 適量

作り方

1 鶏肉は骨に沿って切り目を入れる。
2 コリアンダーシードはすり鉢で粗くすり潰すか、包丁で刻む。
3 2にAを加えて混ぜ、1によくすり込み、30分以上置く。じゃがいもは皮つきのまま1.5㎝厚さの輪切りにする。
4 天板にオーブンシートを敷き、じゃがいもを並べ、その上に鶏肉の皮目を上にしてのせる。
5 オリーブオイルを回しかけ、180℃に温めたオーブンで20分焼く。さらに温度を220℃に上げて10分焼く。
6 器に盛り、香菜を添える。好みでコリアンダーパウダー（分量外）をふる。

― 鶏肉の下味は2～3時間置くと、さらに下味が馴染みます。

ミートボールとグリンピースのヴァポーレ

シンプルな塩ベースの味つけもスパイスを加えれば、それだけでごちそう。ジューシーなミートボールが食欲をそそります。

材料（2人分）

合挽き肉…150g
玉ねぎ…1/2個
グリンピース…100g（正味）
にんにく…1かけ
白ワイン…80ml
オリーブオイル…小さじ2
塩…小さじ1/4
粗挽き黒こしょう…少々
バター（有塩）…適量
A コリアンダーパウダー…小さじ2/3
卵…1個
パン粉…50g
白ワイン…大さじ1
塩…小さじ1/4
粗挽き黒こしょう…少々

作り方

1. 玉ねぎ半量はみじん切りに、残りは薄切りにする。
2. ボウルに挽き肉、みじん切りにした玉ねぎ、**A**を入れて粘り気が出るまでよく混ぜ、5〜6等分にして丸める。
3. フライパンに潰したにんにく、オリーブオイルを入れて中火にかける。香りが立ったら2を加え、表面に焼き目がついたら裏返す。
4. 薄切りにした玉ねぎを加えてさっと炒め、グリンピース、白ワインを加えてひと煮立ちさせる。
5. 蓋をして弱火にし、7分蒸し煮にする。塩、粗挽き黒こしょうを加えて味を調え、バターをのせる。

— コリアンダーパウダーはクミンパウダー、五香粉でも。
— 玉ねぎはクタクタに煮ず、食感を残す程度に火を通します。
— グリンピースは冷凍のものを使っても。

ハムと卵のコリアンダー炒飯

いつもの炒飯もコリアンダーを加えるだけで、本格的なエスニックの香り。冷蔵庫にある具材と合わせ、アレンジしてみても。

材料（2人分）

コリアンダーパウダー…小さじ1
ロースハム…4枚（80g）
溶き卵…2個分
九条ねぎ…1本
温かいご飯…300g
塩…小さじ1/2
ごま油…大さじ1

作り方

1 ロースハムは2㎝幅に切る。九条ねぎは小口切りにする。
2 フライパンにごま油を入れて中火にかけ、溶き卵を加えて大きく混ぜる。8割ほど火が通ったら一度取り出す。
3 同じフライパンに1を入れてさっと炒め、コリアンダーパウダー、塩を加え、ねぎがしんなりするまで軽く炒める。
4 ご飯、2を加えて手早く炒め合わせ、塩（分量外）で味を調える。

— 冷やご飯を使う場合は軽く電子レンジで温めると、ほぐれて炒めやすくなります。

カルダモン
Cardamom

かぶとグレープフルーツのカルダモンマリネ

粒々としたカルダモンの種を噛めば、食感とともに口いっぱいに広がる爽やかな香り。好みの野菜と果物を合わせても楽しいマリネです。

材料（2人分）

カルダモン…3粒
かぶ…3個
グレープフルーツ…1個
塩…小さじ2/3
レモン果汁…大さじ1
オリーブオイル…大さじ1

作り方

[1] かぶは皮つきのまま縦半分に切り、横に3mm厚さの薄切りにする。
[2] ボウルに[1]、塩を入れて混ぜ、10分置き、出てきた水分をしっかりと絞る。
[3] グレープフルーツは皮をむき、薄皮から果肉を取り出す。
[4] カルダモンは包丁で潰し、種子を出す。
[5] [2]に[3]、[4]、レモン果汁を加えてさっと混ぜ、オリーブオイルを加えて和える。

「スパイスの女王」と呼ばれるカルダモンは爽やかでありながら、フルーティーな香り。

カレーでは殻ごと使いますが、黒い種を取り出してその香りを抽出して使うことも。

手軽に楽しみたい場合は、ミルクたっぷりの甘いチャイがおすすめです。

レモンのカルダモンシャーベット

カルダモンの香りを移した
甘酸っぱいシロップをシャーベットにします。
好みでリキュールを加えるのもおすすめです。

材料（作りやすい分量）

カルダモン…3粒
カルダモンパウダー…小さじ1/2
レモン果汁…大さじ2
しょうがスライス（皮つき）…2かけ分
水…600mℓ
甜菜糖…200g

作り方

1. カルダモンは包丁で潰し、鍋に入れる。しょうがスライス、水、甜菜糖を加えて中火にかける。
2. 煮立ったらアクを取り、弱火にする。蓋をして10分煮て、火を止めてそのまま冷ます。
3. 2をザルで漉し、レモン果汁、カルダモンパウダーを加えて保存容器に入れる。
4. 冷凍庫で1～2時間冷やし、フォークで混ぜ、さらに1～2時間冷やしかためる。

― レモンの香りがする馬告（58ページ）を加えても。

花椒

Sichuan pepper

ホアジャオと呼ばれるスパイスは中華・四川料理に欠かせないスパイス。ピリッと爽やか、そして舌が痺れるような個性的な味わいは、麻婆豆腐でもお馴染みです。

そのパンチの効いた香りと味わいをいつもの料理に少し加えてみてください。例えば、炒め物も花椒の香りを油に移してから調理するだけでお店のような本格的なひと皿に。

また食材独特の臭みも消してくれるので、肉や魚の下味、スープ、鍋などに少し加えてみると、残っている花椒も一気に使い切ってしまうはず！

骨つき鶏肉とセロリの花椒スープ

鶏肉は焼きつけて余分な脂を取るのがコツ。
花椒の香りをたっぷりと加えて香り高いスープにします。

材料（2人分）

花椒…大さじ1
骨つき鶏肉（水炊き用）…350g
セロリ…1/2本
セロリの葉…2枚
しょうがせん切り…1かけ分
酒…80ml
水…600ml
塩…小さじ2/3
ごま油…小さじ2

作り方

1 鶏肉はペーパータオルで汚れをふき、塩半量をすり込む。

2 セロリは筋を取り、斜め薄切りにする。葉はざく切りにする。

3 鍋にごま油、しょうがせん切り、すり鉢で粗くすり潰すか、包丁で刻んだ花椒を入れ、中火にかける。香りが立ったら1を加え、表面にしっかりと焼き目をつける。出てきた脂はペーパータオルでふく。

4 セロリを加え、さっと炒め合わせる。酒、水を加えてひと煮立ちさせ、アクを取る。

5 弱火にして蓋をし、20分煮る。残りの塩を加えて味を調え、セロリの葉を加えて4〜5分煮る。

— 油でしっかりと花椒を炒めて香りを引き出します。

なすとピーマンの鍋しぎ

味噌と相性のよい花椒でご飯が進みます。
お弁当のおかずにもぴったり。

材料（2人分）

花椒…小さじ2
なす…3本
ピーマン（赤、緑）…各2個
ごま油…大さじ2
A 味噌…大さじ1
酒…大さじ1
みりん…大さじ1

作り方

1. なすは2㎝厚さの輪切りにし、水に3～4分さらす。ピーマンは縦半分に切り、種とヘタを取る。
2. 花椒はすり鉢で細かくすり潰すか、包丁で刻み、**A**と混ぜる。
3. フライパンにごま油を入れて中火にかけ、なすを加えて表面に焼き目をつける。
4. なすがやわらかくなったら、ピーマンを加える。ピーマンに軽く焼き目をつけ、2を加えて煮立たせながら絡める。

— ピーマンは焼き目をつける程度に火を通し、食感を残します。

豆苗のしらす花椒がけ

油に花椒の香りをしっかりと移し、しらすの塩気とともに豆苗を楽しみます。パスタと和えてもおいしいオイルです。

材料（2人分）

花椒…小さじ2
豆苗…1袋
しらす干し…30g
ごま油…小さじ2
A 黒酢…大さじ1
　みりん…大さじ1
　ナンプラー…大さじ1
白炒りごま…小さじ1

作り方

1. 豆苗は根を落とす。沸騰した湯にごま油を加えて色が変わる程度に30秒ほど茹で、ザルに上げてしっかりと水気をきる。器に盛り、しらす干しをのせる。
2. A、すり鉢で粗くすり潰すか、包丁で刻んだ花椒を小鍋に入れ、中火にかける。ひと煮立ちさせたら、弱火にして1分ほど煮詰め、熱々を1にかける。

― 豆苗はごま油を入れた湯で茹でることで香りがうっすらとつき、ツヤよく茹で上がります。

花椒大根の春巻き

シャキシャキとした大根、カリカリに揚がった衣に
花椒が香る、私の大好きな料理。
いくつでも食べられる病みつきの一品です。

材料（作りやすい分量）

花椒…大さじ1
大根…1/2本（500g）
春巻きの皮…10枚
塩…小さじ1
A 花椒…小さじ1/2
　塩…小さじ1
B 薄力粉…大さじ1
　水…小さじ2
揚げ油…適量

作り方

1 大根はせん切りにして塩をふり、しんなりとするまで10分置く。出てきた水分はしっかりと絞る。

2 花椒はすり鉢で粗くすり潰すか、包丁で刻み、フライパンで軽く炒る。

3 1と2を混ぜ、10等分ずつ春巻きの皮で包み、巻き終わりを合わせたBでとめる。

4 揚げ油を170℃に温め、3を返しながらきつね色になるまで揚げる。

5 Aの花椒はフライパンで軽く炒る。すり鉢で細かくすり潰すか、包丁で刻み、塩と合わせて春巻きに添える。

― 大根の水気をしっかりと絞ることで、春巻きの皮もカリッと揚がります。

花椒の唐揚げ

肉の臭みを取る花椒を唐揚げの下味に。花椒はしょうがとの相性もよく、さっぱりとした味わいになります。下味に漬け込んで冷凍にしても。

材料（2人分）

花椒…大さじ1と1/2
鶏もも肉…2枚（500g）
A しょうがすりおろし…1かけ分
　卵…1個
　紹興酒（または酒）…大さじ1
　しょうゆ…大さじ1
　塩…小さじ1/3
薄力粉…大さじ1
片栗粉…大さじ3
揚げ油…適量
レモン…適宜

作り方

1 花椒はすり鉢で粗くすり潰すか、包丁で刻む。
2 鶏肉は3～4等分に切り、ボウルに入れる。1とAを加えてよくもみ込み、30分置いて味を染み込ませる。
3 薄力粉を加えてさらによくもみ込み、片栗粉を表面にはたく。
3 揚げ油を170℃に温め、3を入れて軽く色づくまで4～5分揚げる。油の温度を180℃に上げ、さらにきつね色になるまでカリッと揚げる。好みでレモンを搾って食べる。

— 仕上げに揚げ油の温度を上げることで、油きれもよくなり、衣がカリッと揚がります。

豚肉と香菜の花椒ピーナッツ和え

ピーナッツの食感と
噛むごとに広がる花椒の香り。
茹でて冷やした中華麺にのせても美味。

材料（2人分）

花椒…小さじ2
豚バラしゃぶしゃぶ用肉…120g
香菜…2株
しょうがせん切り…1かけ分
ピーナッツ…40g
紹興酒（または酒）…大さじ1
A 黒酢…大さじ1
　しょうゆ…小さじ1
　塩…小さじ1/4
　ごま油…大さじ1

作り方

1. 花椒はフライパンで炒り、すり鉢で粗くすり潰すか、包丁で刻む。
2. ピーナッツはフライパンで軽く炒り、粗く刻む。香菜はざく切りにする。
3. 沸騰した湯に紹興酒を加える。煮立たせないように火を弱め、豚肉を1枚ずつ入れ、色が変わるまで40秒ほど茹で、ペーパータオルで水気をふく。
4. 器に3、2、1を順に盛り、合わせたAを回しかける。

― 豚肉は沸騰させない湯でさっと茹で、やわらかく火を通します。

花椒ぶり大根

しょうゆを使いがちな
いつものぶり大根も塩仕立てに。
花椒の香りでさっぱりとしたひと品。

材料（2人分）

花椒…大さじ1
ぶり（切り身）…2切れ
大根…1/2本（500g）
酒…50㎖
みりん…大さじ2
かつお昆布だし…300㎖
塩…小さじ1

作り方

1 ぶりは沸騰した湯にさっとくぐらせて霜降りをする。水に取り、表面の汚れを洗ってペーパータオルでしっかりと水気をふく。

2 大根は2㎝厚さに切る。皮をむいて半月切りにし、面取りをする。

3 鍋に2を入れ、被る程度の水を加えて中火にかける。煮立ったら5分ほどそのまま茹でてザルに上げ、冷水で洗う。

4 3の鍋に1、大根、花椒、酒、みりん、かつお昆布だしを入れて中火にかける。

5 煮立ったら塩を加え、落とし蓋をして15分煮る。

― 大根は下茹ですることで臭みが取れ、味も染み込みやすくなります。

― 花椒は実山椒（水煮）に代えても、香りよく仕上がります。

ニラと花椒の和え麺

花椒の香りを移した熱々のたれをかけて
混ぜながら食べる、ニラたっぷりのスタミナ麺。
冷えたビールのおつまみにも最適です。

材料（2人分）

花椒…小さじ2
ニラ…1束
中華麺…2玉
A しょうがみじん切り…1かけ分
ごま油…大さじ3
しょうゆ…大さじ2
紹興酒（または酒）…大さじ2
黒酢…大さじ1
塩…ひとつまみ

作り方

1 ニラはできるだけ細かいみじん切りにする。花椒はすり鉢で粗くすり潰すか、包丁で刻む。

2 中華麺は袋の表示通りに茹でる。湯をしっかりときって器に盛り、ニラをのせる。

3 小鍋に**A**と花椒を入れて中火にかける。ひと煮立ちしたら弱火にして1分煮て、熱々を2に回しかける。

馬告
Maqaw

あさりの馬告蒸し

レモンのような爽やかな香りに仕上げたあさりの馬告蒸し。白身魚の蒸し物にも合います。

材料（2人分）

馬告…大さじ1
あさり…200g
玉ねぎ…1/2個
しょうがスライス（皮つき）
…1かけ分
酒…80㎖
塩…適量

作り方

1. あさりはバットなどに広げる。3%の塩水を加えてアルミホイルを被せ、常温で30分置いて砂抜きする。流水で殻をこすり洗いし、汚れを取る。
2. 玉ねぎは薄切りにする。
3. 鍋に1、2、しょうがスライス、馬告、酒を入れ、中火にかける。煮立ったら弱火にして蓋をし、あさりの口が開くまで3〜4分蒸し煮にする。

台湾のスパイスでマーガオと呼ばれます。
見た目は黒こしょうのようですが、香りはレモングラスのような爽やかな柑橘系。
辛みはなく、食材の匂い消しはもちろん、焼き菓子などにも使える万能スパイスです。

ショートブレッド

レモンの香り？ と思わせる馬告。
シンプルな焼き菓子に使うほか、
シロップに香りを移してシャーベットにしても。

材料（20×16×高さ3cmのバット・1台分）

馬告…小さじ2
薄力粉…100g
バター（無塩）…100g
グラニュー糖…60g
塩…ひとつまみ

作り方

1. 馬告はすり鉢で少し粒が残る程度にすり潰すか、包丁で刻む。バターは1cm角に切る。
2. ボウルにグラニュー糖、バターを入れ、手で潰しながらよく混ぜる。
3. 1の馬告、薄力粉、塩を加えてひとまとまりになるまで手ですり混ぜる。
4. バットにオーブンシートを敷き、厚さが均等になるように3を平らに広げる。縦半分、横8等分に切り目を入れ、竹串で穴を空ける。
6. 200℃に温めたオーブンで表面に軽く焼き色がつくまで25〜30分焼く。

五香粉

Chinese five spices

中国の代表的なミックススパイスで、ウーシャンフェンと呼ばれます。

基本的には「四香一辛」の5種類のスパイスが配合されます。ブレンドによって多少変わりますが、よく使われるのはシナモン、クローブ、スターアニス、陳皮、花椒など。その香りは独特で、少し使うだけで中華料理の香りと味わいになります。

甘くエキゾチックな香りは、焼豚のような甘辛く味つけする料理と相性がよく、食材の臭い消しにも効果があるので、肉はもちろん、海老、青魚などの料理に使うのもおすすめです。

五香粉フライドポテト

たれはとろみが出るまで
煮詰めて五香粉を加えます。
甘辛味はおやつにもぴったり。

材料（2人分）

五香粉…小さじ1
じゃがいも…4個（600g）
A みりん…大さじ2
　しょうゆ…大さじ1と1/2
揚げ油…適量

作り方

1 じゃがいもは皮つきのまま6等分のくし形切りにし、ザルに広げて30分〜1時間置く。

2 鍋に揚げ油と1を入れ、中火にかける。ときどき混ぜながら、じゃがいもが軽く色づくまで7〜8分揚げる。

3 フライパンにAを入れ、中火にかける。ひと煮立ちさせてとろみがついたら五香粉、油をきった2を加えてよく絡める。

―じゃがいもは温かいほうがたれに絡みやすくなります。

セロリと春雨の干し海老炒め

さっぱりとした副菜が欲しいときにぴったり。
セロリの香りと食感が箸休めになります。
酢などを少し加えて酸味をつけても。

材料（2人分）

五香粉…小さじ1/2
セロリ…1本
セロリの葉…4枚
しょうがせん切り…1かけ分
春雨…60g
干し海老…15g
ぬるま湯…60㎖
紹興酒（または酒）…大さじ1
ナンプラー…小さじ2
ごま油…小さじ2

作り方

1. 干し海老は分量のぬるま湯に10分浸して戻し、粗く刻む。戻し汁は取っておく。
2. 春雨は被る程度のぬるま湯（分量外）に10分浸して戻す。
3. セロリは筋を取り、斜め薄切りにする。セロリの葉は細切りにする。
4. フライパンにごま油を入れて中火にかけ、しょうがせん切りを加えて炒める。香りが立ったらセロリ、水気をきった干し海老と春雨を加えてさっと炒め合わせる。
5. 干し海老の戻し汁、紹興酒、ナンプラーを加えて汁気がなくなるまで炒め、セロリの葉と五香粉を加えてさっと炒め合わせる。器に盛り、好みで五香粉（分量外）をふる。

海老の五香粉グリル

五香粉の香りが染み込んだ
海老をプリプリに焼き上げます。
熱々を殻をむきながら食べてみて。

材料（2人分）

五香粉…小さじ2
海老（ブラックタイガーなど）…12尾
もやし…適量
片栗粉…適量
A にんにくすりおろし…1かけ分
　しょうがすりおろし…1かけ分
　ごま油…大さじ2
　酒…大さじ2
　しょうゆ…大さじ1
　塩…小さじ1/3

作り方

1. 海老は背に切り目を入れて背ワタを取る。片栗粉をまぶし、もみ洗いして流水で洗ってペーパータオルで水気をふく。
2. ボウルに1、Aを入れてよくもみ込み、30分〜1時間置く。
3. 天板にオーブンシートを敷いて2をのせ、200℃に温めたオーブンで12分焼く。
4. 器に盛り、さっと茹でたもやしを添え、好みで五香粉（分量外）をふる。

蒸し鶏と九条ねぎの五香粉風味

肉厚な鶏むね肉を蒸し上げてヘルシーに。
蒸し汁と合わせたたれを
たっぷりかけていただきます。

材料（2人分）

五香粉…小さじ1/2
鶏むね肉…2枚（350g）
しょうが薄切り（皮つき）…1かけ分
しょうがせん切り…1かけ分
九条ねぎ…2本
紹興酒（または酒）…大さじ2
しょうゆ…大さじ1と1/2
黒酢…大さじ1

作り方

1. 鶏肉は余分な脂と筋を取る。厚い部分に切り目を入れて厚さを均等にし、紹興酒をもみ込む。
2. オーブンシートを敷いた蒸し器に1、しょうが薄切りを入れて蒸気の立った鍋にのせる。7分蒸し、火を止めてそのまま10分余熱で火を通す。
3. 九条ねぎは斜め薄切りにする。水に3分さらし、ザルに上げて水気をきる。しょうがせん切りもさっと水にさらし、九条ねぎと合わせる。
4. 2の蒸し汁にしょうゆ、黒酢、五香粉を加えてよく混ぜる。
5. 鶏肉を器に盛り、3をのせ、4を添える。

五香粉スペアリブ

肉の脂と好相性の甘い香りの五香粉。
漬けたらあとは焼くだけで、喜ばれるごちそうです。

材料（2人分）

五香粉…小さじ2
豚スペアリブ…5本（600g）
茹でたけのこ…200g
A しょうがすりおろし…1かけ分
紹興酒（または酒）…大さじ3
しょうゆ…大さじ2
塩…小さじ1/4

作り方

1 ボウルにスペアリブ、A、五香粉を入れてよくもみ込み、1時間以上置く。
2 たけのこは1.5cm幅のくし形切りにする。
3 オーブンシートを敷いた天板に2を並べ、その上に1をのせる。
4 180℃に温めたオーブンに入れて15分焼き、温度を200℃に上げ、さらに10分焼く。

— スペアリブはできたらひと晩漬け込むと、より下味が馴染みます。
— たけのこの上でスペアリブを焼くことで、おいしい脂がたけのこに染み込みます。

五香粉焼豚

下味に漬け、焼いて煮るだけ。
最後に煮汁をとろりと煮詰めて焼豚に。

材料（2人分）

豚肩ロース塊肉…400g
長ねぎ（青い部分）…3〜4本
しょうが薄切り（皮つき）…1かけ分
ごま油…小さじ2
A 五香粉…小さじ1
八角…1個
紹興酒（または酒）…100mℓ
オイスターソース…大さじ2
はちみつ…大さじ2
しょうゆ…大さじ2
黒酢…大さじ1
塩…小さじ1/4

作り方

1. ポリ袋に豚肉、A、長ねぎ、しょうが薄切りを入れてよくもみ込み、冷蔵庫で半日ほど漬け込む。
2. 鍋にごま油を入れて中火にかけ、汁気をきった豚肉を加えて表面全体に焼き目をつける。
3. 豚肉の漬け汁と被る程度の水を加えてひと煮立ちさせ、アクを取る。弱火にして蓋をし、ときどき上下を返しながら1時間ほど煮る。
4. 蓋を外し、煮汁がとろりとするまで煮詰めたら火を止める。
5. 食べやすい大きさに切り分け、煮汁をかける。

— 下味に八角を加えることで、さらに本格的な香りになります。
— 豚肉は表面を焼きつけることで余分な脂が取れ、しっとりと仕上がります。

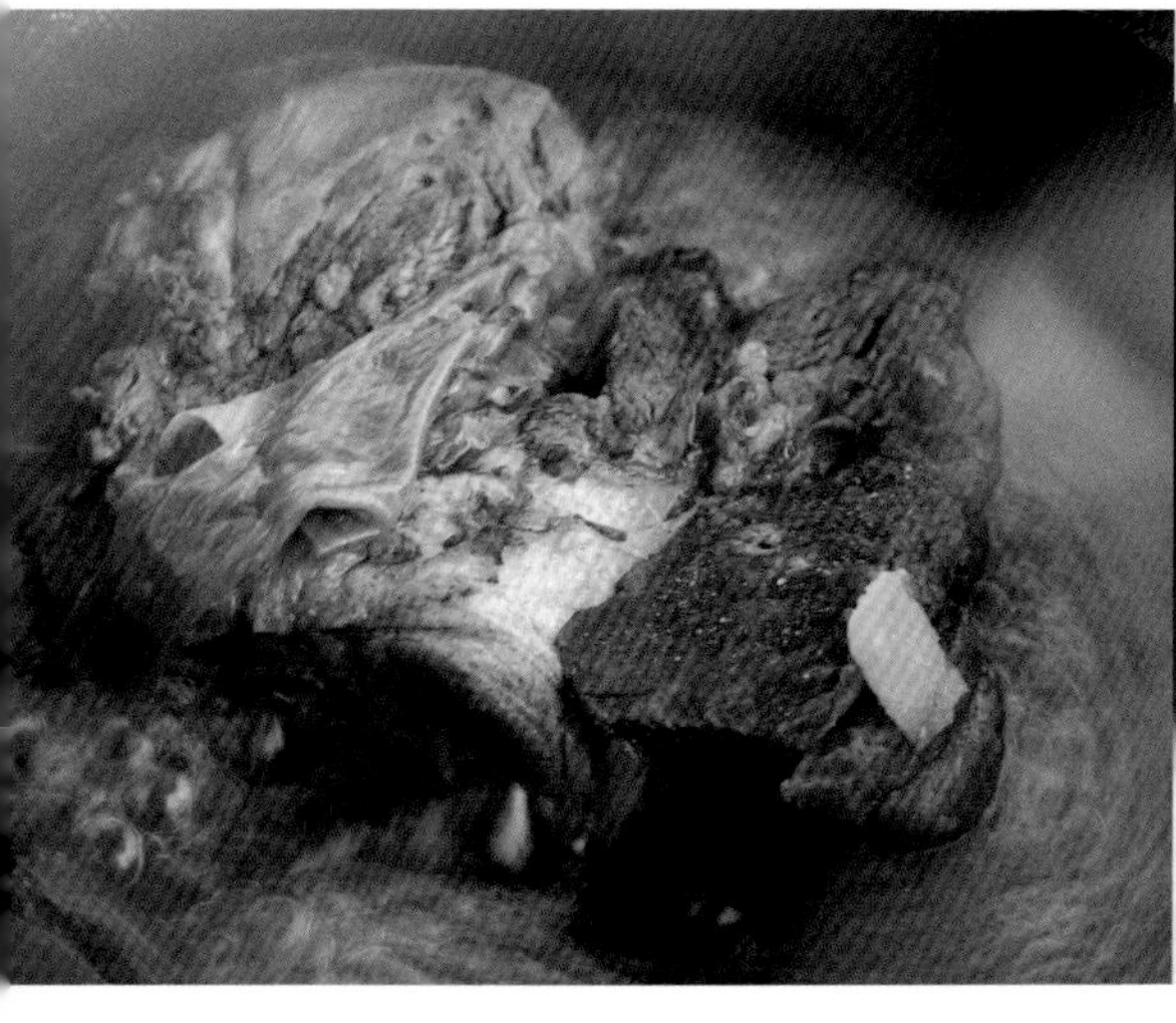

鰯と長ねぎの五香粉焼き

焼き魚の調理が苦手な方には
フライパン焼きが手軽でおすすめです。
甘く焼き上がった長ねぎを添えてどうぞ。

材料（2人分）

五香粉…小さじ1
鰯…2尾
長ねぎ…1本
酒…小さじ2
塩…小さじ1
ごま油…小さじ2

作り方

1. 鰯は内臓、エラ、ウロコを取る。塩をふって10分置き、出てきた水分をペーパータオルでふく。
2. 長ねぎは2〜3等分に切り、縦半分に切る。
3. フライパンにごま油を入れて中火にかける。1を並べ、ヘラで軽く抑えながら焼き目をつける。焼き目がついたら裏返し、2をのせ、弱めの中火にして焼き目がつくまで5〜6分焼く。
4. 酒をさっとふり、塩少々（分量外）と五香粉をふる。器に盛り、好みで五香粉（分量外）をふる。

—鰯は焼くときに蓋をしてしまうと臭みが出るので、蓋はせずにじっくりと火を通します。

鯖の五香粉揚げ

サクッとした衣から出てくるのは、
五香粉がふわっと香るジューシーな鯖！
魚独特の匂いも消え、おいしさ倍増です。

材料（2人分）

五香粉…小さじ1
鯖（3枚おろし）…1尾分
塩…小さじ2/3
片栗粉…大さじ2
A しょうがすりおろし…1かけ分
　酒…大さじ1
　しょうゆ…大さじ1
揚げ油…適量
せり…適量
すだち…1個

作り方

1. 鯖は塩をふって10分置く。出てきた水分をペーパータオルでふき、2cm幅に切る。
2. ボウルに1、五香粉、Aを入れてしっかりともみ込む。10分置いたら、片栗粉をまぶす。
3. 揚げ油を170℃に温め、2をきつね色になるまで揚げる。
4. 器に盛り、ざく切りにしたせり、半分に切ったすだちを添える。

― 五香粉をクミンパウダーに代えれば、エスニック風に変身します。

挽き肉と厚揚げの五香粉炒め

厚揚げと挽き肉でボリュームたっぷり。
長ねぎがしんなりしたらでき上がりです。

材料（2人分）

五香粉…小さじ1
豚挽き肉…120g
厚揚げ…1枚（150g）
長ねぎ…$\frac{1}{2}$本
しょうがせん切り…1かけ分
紹興酒（または酒）…大さじ1
しょうゆ…大さじ1
塩…少々
ごま油…小さじ2
温かいご飯…適量

作り方

1. 厚揚げは2cm角に切る。長ねぎは斜め薄切りにする。
2. フライパンにごま油を入れて中火にかけ、しょうがせん切りを加えて炒める。香りが立ったら挽き肉を加え、肉の色が変わるまで炒める。
3. 紹興酒、しょうゆを加えて汁気がなくなるまで炒め、1を加えて長ねぎがしんなりするまで炒める。
4. 五香粉、塩を加えてさっと炒め合わせる。ご飯をよそった器に盛り、好みで五香粉（分量外）をふる。

牛肉麺

牛肉麺（ニューローメン）は台湾の人気メニュー。
本書では簡単に和えるだけのレシピにアレンジします。
トマトの甘酸っぱさがたれと絡んで夏にぴったりのひと皿。

材料（2人分）

五香粉…小さじ2/3
トマト…1個（200g）
牛もも薄切り肉…120g
香菜…2株
冷や麦…100g
紹興酒（または酒）…大さじ1
A 白炒りごま…大さじ1
白練りごま…大さじ2
しょうゆ…大さじ1
黒酢…大さじ1
塩…小さじ1/4
ごま油…大さじ1

作り方

1. トマトはヘタを取り、2cm角に切る。
2. ボウルに**A**を順に入れて混ぜ、五香粉を加えてよく混ぜる。
3. 沸騰した湯で冷や麦を袋の表示通りに茹でる。湯をきり、器に盛る。
4. 同じ鍋の湯に紹興酒を加える。煮立たせないように火を弱め、牛肉を1枚ずつ入れ、さっと火を通し、ペーパータオルで水気をふく。
5. 3に1、4、ざく切りにした香菜をのせ、2をたっぷりと回しかける。好みで五香粉（分量外）をふり、混ぜて食べる。

— 牛肉は沸騰させない湯でさっと茹で、やわらかく火を通します。

卵×スパイス

Egg & Spice

スパイスの香りが加われば、いつもの卵料理も一変します。お酒のおともにも。

クミンハムエッグ

油にクミンシードの香りを移し、こんがりと焼き上げます。

材料（2人分）

クミンシード…小さじ1
卵…2個
ハム…2枚
オリーブオイル…大さじ1
塩、しょうゆ…各適量

作り方

1 フライパンにオリーブオイルとクミンシードを入れ、弱火にかける。
2 香りが立ったらハムを並べ、卵をハムの上に割り入れてオイルをかけながら半熟になるまで焼く。
3 器に盛り、塩、しょうゆなど好みのものをかける。

コリアンダーオムレツ

クミンシードや粉山椒を使うのもおすすめです。

材料（2人分）

コリアンダーシード…小さじ1
コリアンダーパウダー…適量
卵…6個
牛乳…大さじ1
塩…小さじ1/3
バター（有塩）…20g
オリーブオイル…小さじ2

作り方

1 コリアンダーシードは粗く刻む。
2 ボウルに卵を割り入れて溶き、1、牛乳、塩を加えてよく混ぜる。
3 フライパンをペーパータオルでふき、オリーブオイルとバターを半量ずつ入れる。バターが溶けたら卵液半量を流し入れ、大きく2〜3回混ぜて広げる。
4 縁に火が通り、中心が半熟になったら弱火にし、奥側に寄せて卵を折り込む。
5 フライパンを返して器に盛り、ペーパータオルで形を整え、コリアンダーパウダーをふる。残りの卵液も同様に焼く。

花椒ねぎ卵焼き

こんがりと焼いた卵とねぎに
花椒の辛みがアクセント。

材料（2人分）

花椒…小さじ1
細ねぎ…3本
卵…2個
紹興酒（または酒）…小さじ2
しょうゆ…小さじ1
塩…小さじ1/4
ごま油…大さじ1と1/2

作り方

1 花椒は粗く刻む。細ねぎは2cm幅の斜め切りにする。

2 ボウルに卵を割り入れて溶き、1、紹興酒、しょうゆ、塩を加えて混ぜる。

3 小さめのフライパンにごま油を入れて中火にかけ、2を流し入れて丸く広げる。

4 焼き目がついたら裏返し、片面もしっかりと焼き目がつくまで2〜3分焼く。器に盛り、好みで刻んだ花椒（分量外）をふる。

山椒だし巻き卵

だしと山椒が上品な味わい。
山椒は刻んで香りを引き出します。

材料（2人分）

実山椒（水煮）…大さじ1強
卵…4個
かつお昆布だし…120ml
しょうゆ…小さじ1
塩…小さじ1/4
ごま油…小さじ2

作り方

1 実山椒は粗く刻む。ボウルに卵を割り入れてよく溶き、ごま油以外の材料を加えてしっかりと混ぜる。

2 卵焼き器にごま油を入れ、中火にかける。1の1/6量を流して広げ、縁がかたまり、中心が半熟になったら弱火にする。奥側から手前に折りたたみ、奥側に戻す。

3 中火に戻し、同様に空いたスペースに卵液を流し、焼いた卵を持ち上げて下にも卵液を流す。

4 表面が半熟になったら弱火にし、奥側から手前に折りたたみ、奥側に戻す。ごま油少々（分量外）を足しながら残りの卵液も同様に焼き、好みの厚さに切って器に盛る。

山椒

Japanese pepper

痺れるような刺激的な辛みと爽やかな香りをもつスパイスです。中国の花椒と混同されがちですが、山椒のほうがマイルドな辛みなのが特徴。本書では、上品な山椒らしい香りも味わってもらいたく、水煮のものとパウダー状の2種類を使ったレシピを紹介します。

いちばん合うのは、やはりあっさりとした和食。いつもの料理に少し加えるだけでワンランクアップした料理に変身します。

また意外かもしれませんが、バターや生クリームなどの乳製品にも合うのが山椒のおもしろいところ。上手な使い方は、香りが引き立つシンプルな味つけの料理です。

山椒バタートースト

山椒バターは白身魚や鶏肉のソテーに使っても。
しょうゆと合わせ、炊き立てご飯に混ぜてもおいしいです。

材料（作りやすい分量）

実山椒（水煮）… 大さじ1
粉山椒 … 小さじ1/3
バター（有塩）… 50g
はちみつ … 小さじ1
塩 … 小さじ1/5
食パン … 2枚

作り方

1. バターは常温で戻してやわらかくする。
2. 実山椒は粗く刻む。
3. 1、2、粉山椒、はちみつ、塩を混ぜる。食パンに塗ってオーブントースターでこんがりと焼く。

―クミンパウダー、コリアンダーパウダーで作っても美味。

山椒ポテトサラダ

マヨネーズを使わずに、
オリーブオイルと山椒でさっぱり仕上げます。
クレソンを合わせても爽やか。

材料（2人分）

実山椒（水煮）…大さじ1と1/2
粉山椒…少々
じゃがいも…小4個（350g）
紫玉ねぎ…1/2本
レモン果汁…大さじ1
塩…小さじ2/3
粗挽き黒こしょう…少々

作り方

1. じゃがいもは皮つきのまま蒸気の立った蒸し器に入れて火が通るまで20分ほど蒸す。温かいうちに皮をむいて粗く潰す。
2. 紫玉ねぎは薄切りにする。水に5分さらし、水気をしっかりと絞る。
3. 2にレモン果汁、塩、粗挽き黒こしょうを加えて混ぜ、しっかりと馴染ませる。実山椒は粗く刻む。
4. ボウルに1、3を合わせてさっと混ぜ、粉山椒を加えて和える。

―粉山椒は香りが飛ばないように、最後に加えます。

いちじくと山椒の白和え

いちじくの甘みを生かし、
砂糖を加えずに作る白和えです。
木の芽が手に入れば、より香りがよくなります。

材料（2人分）

実山椒（水煮）… 大さじ1
粉山椒 … 小さじ1/3
いちじく … 4個
木綿豆腐 … 1丁（300g）
くるみ … 8粒
しょうゆ … 小さじ2
塩 … 小さじ1/3
木の芽 … 適宜

作り方

1 木綿豆腐は重石をして30分置き、水きりをする。
2 くるみはフライパンで軽く炒る。
3 すり鉢に実山椒を入れて粗くすり潰し、2を加えてさらにすり混ぜる。1、しょうゆ、塩、粉山椒を加えて混ぜる。
4 いちじくは皮つきのまま6等分のくし形切りにし、3に加える。あれば手のひらでたたいて香りを出した木の芽もちぎって加え、さっと和える。

― 豆腐の水きり加減は好みで。水分が多いほうがなめらかな仕上がりに。
― いちじくの甘みを生かし、砂糖を使わずに作ります。
― 果物はぶどうや柿でアレンジしても。
― 山椒の代わりに柚子胡椒も合います。その際は塩を加減してください。

干ししいたけの山椒佃煮

仕上げに山椒粉をふり、風味をプラス。
おにぎりの具材にしても喜ばれる保存食です。

材料（作りやすい分量）

実山椒（水煮）… 大さじ2
粉山椒 … 小さじ1/3
干ししいたけ … 6個
水 … 300㎖
酒 … 大さじ2
みりん … 大さじ2
しょうゆ … 大さじ2
温かいご飯、ほうじ茶 … 各適量

作り方

1. ポリ袋に干ししいたけ、分量の水を入れて6時間浸して戻す。戻し汁は取っておく。
2. 干ししいたけの軸のかたい部分を落とし、薄切りにする。
3. 鍋に2、ザルで漉した戻し汁、細かく刻んだ実山椒、酒、みりんを入れ、中火にかける。
4. 煮立ったら弱火にし、落とし蓋をして10分煮る。
5. しょうゆを加え、さらに汁気が少なくなるまで煮詰め、粉山椒を加えてひと混ぜする。
6. 茶碗にご飯をよそい、4をのせてほうじ茶をかける。

— あさりのむき身、かつおなどでもおいしく作れます。
— 清潔な瓶に入れ、冷蔵庫で1週間保存可能。

牡蠣の山椒オイル漬け

プリプリの牡蠣をオイル漬けに。山椒と牡蠣の旨みが移ったオイルはパンに浸しても絶品。

材料（作りやすい分量）

実山椒（水煮）… 大さじ2
生牡蠣 … 15個
にんにく薄切り … 1かけ分
白ワイン … 80㎖
オリーブオイル … 80㎖
塩 … 小さじ1/2

作り方

1 生牡蠣は塩大さじ1（分量外）でやさしくもみ洗いし、流水で洗う。再度同様に洗う。

2 鍋にペーパータオルで水気をふいた1、実山椒、にんにく薄切り、白ワイン、オリーブオイル、塩を入れて中火にかける。

3 煮立ったら弱火にし、蓋をして7分煮て、そのまま冷ます。

— 清潔な瓶に入れ、冷蔵庫で4日間保存可能。

白身魚と昆布のマリネ

しっとりと昆布の旨みと山椒の香りが移った白身魚のマリネ。手軽な切り昆布で作れるのが嬉しいレシピです。

材料（2人分）

実山椒（水煮）…大さじ2
白身魚（イサキ、鯛、ヒラメなど）…150g
切り昆布…2g
酒…80㎖
オリーブオイル…大さじ3
塩…小さじ1/2

作り方

1. 白身魚は表面の水気をペーパータオルでふく。塩をふってラップで包み、1〜2時間冷蔵庫で置く。
2. 酒は小鍋に入れて中火にかける。ひと煮立ちさせてアルコール分を飛ばしてそのまま冷まし、切り昆布、粗く刻んだ実山椒を加えて混ぜる。
3. バットにラップを外した白身魚をのせ、2を加えて全体に馴染ませ、オリーブオイルを回しかける。そぎ切りにし、器に盛る。

— 時間を置かなくてもおいしいですが、ひと晩置くと味がしっかりと馴染みます。

牛肉と山椒のしゃぶしゃぶ

さっぱりとした山椒香る昆布だしとシンプルな具材で作れる手軽な鍋です。〆はフォーなどが合います。

材料（2人分）

実山椒（水煮）…大さじ2
牛ももしゃぶしゃぶ用肉…200g
クレソン…200g
昆布だし…1ℓ
酒…100㎖
ナンプラー…大さじ2

作り方

1 実山椒は粗く刻む。鍋に入れ、昆布だし、酒、ナンプラーを加え、弱火にかけてひと煮立ちさせる。
2 クレソンはざく切りにする。
3 1に牛肉と2を入れながらさっと煮て、汁とともに食べる。

山椒レモンパスタ

山椒とレモンの香りに生クリームを合わせます。
パスタはもちろん、リゾットにアレンジしてもおいしいです。

材料（2人分）

実山椒（水煮）… 大さじ1と1/2
レモン果汁… 大さじ2
レモンの皮（ノーワックス）… 適量
玉ねぎ… 1個
パスタ（リングイネ）… 160g
生クリーム… 200ml
白ワイン… 50ml
パルミジャーノ・レッジャーノ
… 20g（すりおろす）
オリーブオイル… 大さじ1
塩… 小さじ1/3
粗挽き黒こしょう… 適量

作り方

1 実山椒は粗く刻む。玉ねぎは薄切りにする。
2 パスタは2ℓの湯に塩大さじ1（分量外）を加え、袋の表示通りに茹でる。
3 フライパンにオリーブオイルを入れて中火にかけ、玉ねぎを加えて透き通るまで炒める。
4 白ワイン、生クリーム、1の実山椒を順に加える。ひと煮立ちさせたら、パスタの茹で汁大さじ4を加えてしっかりと馴染ませる。
5 茹で上がったパスタ、レモン果汁、パルミジャーノ・レッジャーノ、塩、粗挽き黒こしょうを加えて混ぜる。器に盛り、レモンの皮をすりおろしてふる。

たこの炊き込みご飯

たこはかたくならないようにさっと煮て、蒸らすときに合わせるのがコツ。木の芽をたっぷりのせると、さらに香り高くなります。

材料（3～4人分）

実山椒（水煮）… 大さじ2
木の芽 … 適量
茹でたこ … 200g
米 … 2合（研いでおく）
酒 … 大さじ2
水 … 400㎖
しょうゆ … 大さじ1
塩 … 小さじ2/3

作り方

1. たこは水洗いし、乱切りにする。
2. 鍋に1、酒、水、しょうゆを入れ、弱火にかける。煮立ったらアクを取り、火を止め、たこと煮汁を分けておく。
3. 2の煮汁を冷まし、粗く刻んだ実山椒を加える。
4. 鍋に研いで水気をきった米、3、塩を入れて10分置く。蓋をして強火にかけ、ひと煮立ちしたら弱火にして12分炊き、30秒強火にして火を止め、2のたこをのせて蒸らす。
5. 食べる直前に手のひらでたたいて香りを出した木の芽をのせる。

— 炊飯器で炊く場合は、水気をきった米を入れて煮汁を2合の目盛りまで注ぎ、10分置きます。刻んだ実山椒、塩を加えて普通モードで炊き、炊き上がったら2のたこをのせて蒸らします。

ワタナベマキ

料理研究家。グラフィックデザイナーを経て、料理家に。シンプルな材料と手順で作れるレシピは、多くの女性から支持される。著書に『アジアのサラダ』（主婦と生活社）、『香草・ハーブレシピ』（産業編集センター）、『ナンプラーがあればダシはいらない』『すぐに作れる、すぐに使える。発酵野菜があればおいしいごはん』（ともにグラフィック社）など多数。普段の食卓でもスパイス、香草、ハーブを使った料理がよく登場し、日々新しいおいしさを発見している。

ちょい足しだけで料理上手
ワタナベマキのスパイス使い

2021年8月25日　初版第1刷発行

撮影　伊藤徹也
スタイリング　田中美和子
デザイン　高橋朱里（○△）
編集　小池洋子（グラフィック社）

著者　ワタナベマキ
発行者　長瀬 聡
発行所　株式会社グラフィック社
〒102-0073
東京都千代田区九段北1-14-17
tel. 03-3263-4318（代表）
03-3263-4579（編集）
http://www.graphicsha.co.jp

郵便振替　00130-6-114345

印刷・製本　図書印刷株式会社

○定価はカバーに表示してあります。
○乱丁・落丁本は、小社業務部宛にお送りください。小社送料負担にてお取り替え致します。

ISBN978-4-7661-3577-0　Printed in Japan